AF454644

COURS DE NOTARIAT PRATIQUE

COMMENTAIRE DES LOIS ORGANIQUES DU NOTARIAT.

(*Loi du 25 Ventôse an* XI.)

ART. 4.

Chaque notaire devra résider dans le lieu qui lui sera fixé par le Gouvernement.

En cas de contravention, le notaire sera considéré comme démissionnaire ; en conséquence, le grand juge, ministre de la justice, après avoir pris l'avis du tribunal, pourra proposer au Gouvernement le remplacement.

COMMENTAIRE.

§ 1er *Règles générales sur l'obligation de la résidence. Ce qu'on doit entendre par lieu fixe de résidence.*

§ 2. *Fixation et changement de résidence.*

§ 3. *Des infractions à l'obligation de la résidence.*

§ 4. *Des répressions aux infractions sur la règle de la résidence.*

§ 1er **Règles générales sur l'obligation de la résidence. Ce qu'on doit entendre par lieu fixe de résidence.**

SOMMAIRE.

A. Définition de la résidence, ses caractères et ses obligations. (Nos 70 bis à 72.)

B. Des motifs, pour lesquels a été établie l'obligation de la résidence. (Nos 73 à 74.)

C. Que faut-il entendre par lieu fixe de résidence, dont parlent les articles 4 et 45 de la loi de ventôse ? (Nos 75 à 76.)

D. Le Gouvernement peut-il assigner pour résidence à un notaire un hameau, un faubourg distinct du chef-lieu de la commune ?

E. De la réunion de la résidence à un autre canton.

F. Des principaux effets de la résidence.

A. *Définition de la résidence, ses caractères et ses obligations.*

70° bis. La *résidence* est le lieu, dans lequel le notaire est tenu d'établir sa *demeure fixe, habituelle et permanente* pour l'exercice de ses fonctions.

Elle comporte non-seulement l'obligation d'une *demeure fixe*, mais encore 1° celle d'une *habitation effective et habituelle* ; 2° la réunion dans ce lieu de tout ce qui tient à l'exercice de la profession notariale, tel que *l'étude, le dépôt des minutes et l'habitation des clercs* ; (avis du Cons. d'Etat, du 7 fructidor an XII.)

En vertu du même principe, l'étude ne peut être *divisée*, c'est-à-dire, tenue dans plusieurs maisons.

71° Le notaire a le choix du local qu'il veut habiter, pourvu qu'il réside dans le lieu fixé par sa commission ; néanmoins certains anciens réglements lui prescrivaient de placer son étude loin des endroits exposés aux naufrages, aux incendies et autres cas fortuits, et, s'ils n'ont plus force de loi actuellement, la prudence en commande encore l'exécution. Ainsi nous voyons fréquemment de nos jours construire les études en voûte, pour préserver les minutes de l'incendie, et cette mesure devrait, à notre avis, être *généralisée.*

72° Quoique la résidence du notaire soit le lieu où il doit avoir son principal *établissement*, il peut néanmoins se rendre chaque jour dans un autre lieu habité par sa famille et même appartenant à un autre ressort, pourvu que le local de son étude reste placé dans sa résidence légale et doive être considéré comme le *siége de ses affaires*, que sa présence y soit journalière pour répondre aux réquisitions de ses clients, et qu'en un mot les intérêts de la localité qu'il abandonne chaque soir, ne soient pas en souffrance par suite de cet état de choses.

Cette doctrine enseignée par Dalloz, v° *Notaire*, n° 33, a été repoussée à tort, suivant nous, par un arrêt de la Cour de Rennes, du 4 nov. 1834, qui a vu dans ce déplacement *quotidien* une infraction à l'obligation de résidence.

B. *Des motifs, pour lesquels a été établie l'obligation de la résidence.*

73° Cette obligation, que la loi impose au notaire de résider dans un lieu fixe, repose sur plusieurs motifs :

Le *premier* est *l'intérêt public* ; en effet l'institution du Notariat a été établie par le Gouvernement, pour satisfaire aux besoins des populations et leur éviter des déplacements souvent considérables, en plaçant un notaire au milieu d'elles et dans un lieu désigné ; si la résidence était *facultative*, beaucoup de localités pauvres ou peu agréables à habiter seraient privées de ce fonctionnaire public, dont le ministère leur est cependant indispensable dans maintes circonstances.

Le *second* est *l'intérêt privé des notaires* ; si cette

obligation de la résidence n'existait pas, la plupart d'entre eux abandonneraient les campagnes, pour venir habiter les villes, et par suite de cette accumulation de fonctionnaires dans les mêmes lieux, l'on arriverait à créer une concurrence fâcheuse pour tous et incompatible avec la dignité de leur profession.

74° « Le fond de la disposition relative à la résidence, « a dit M. le Conseiller d'État Réal, se trouve dans toutes « les lois anciennes ; on la revoit dans la loi d'oct. « 1791 (tit. 1, Sect. 2, art. 10) et dans les projets « soumis aux deux Conseils. L'abus que cette dis- « position veut réprimer, est, pour ainsi dire, aussi « ancien que l'institution. Sous l'ancien régime, il « fut la source d'une foule de procès : les troubles de « la révolution permirent à cet abus de se développer « avec une nouvelle énergie : tous les points de la « République, et même la Capitale, offrent des preu- « ves d'atteintes multipliées portées par cet abus à « la propriété.

« Si le notaire, ajoute le tribun Favard, pouvait « transférer à son gré sa résidence, la loi aurait man- « qué son but, tant pour l'avantage de la société que « pour celui des notaires en particulier. On verrait « la majeure partie d'entre eux abandonner les cam- « pagnes et venir habiter les villes, pour la résidence « desquelles d'autres notaires auraient payé un cau- « tionnement plus considérable. »

C. *Que faut-il entendre par lieu fixe de résidence, dont parlent les articles 4 et 45 de la loi de ventôse ?*

75° 1er *Système.* — Le *lieu fixe* de résidence est le *bourg* ou *chef-lieu* de la commune, où se trouvent réunis l'église, la mairie et le presbytère.

L'on dit en faveur de ce système, que le notaire doit être placé au centre des affaires civiles et religieuses, et que dans les communes étendues, l'habitation du notaire à une de ses extrémités occasionnerait de grands déplacements et porterait une grande perturbation dans la formation de la clientèle.

On peut citer en faveur de ce système :

1° Une décision du ministre de la justice, du 18 mai 1822, relativement à Me Coron, nommé comme notaire à Caluire (Rhône), qui avait établi sa résidence au hameau de Saint-Claire limitrophe de Lyon et qui fut obligé de la fixer au chef-lieu ou bourg de Caluire ;

2° L'opinion de Gagneraux, p. 161, et du *nouveau dict. des notaires,* v° *Résidence,* n° 13.

76° 2e *Système.* — Le lieu de la résidence est *l'étendue de la commune,* pour laquelle le notaire est institué.

En conséquence un notaire peut choisir telle habitation, tel hameau que bon lui semble de la commune pourvu qu'il n'en franchisse pas les limites, et lors même que ce choix le rapprocherait de la résidence d'un autre notaire et pourrait lui enlever une partie de sa clientèle.

Rolland de Villargues ; v° *résidence,* n° 16 ; Dict. du Not., *eod. verbo,* n° 14 ; Dalloz, v° *notaire,* n° 30 ; Favier de Coulomb ; lég.

du Not., art. 4 ; Augan, p. 46 ; Vavasseur et Defrénois, n° 26 ; Massé, t. 1er, p. 33 ; décis. min. de la just., 27 sept. 1843, 4 mai 1846, arrêt du Conseil d'État, du 30 nov. 1834.

Ce système prédomine avec *raison* et ses partisans disent que le notaire appartient à la commune et non à telle ou telle partie de la commune, et qu'en conséquence il peut fixer son séjour dans la partie de commune qu'il lui plaît de choisir.

D. *Le gouvernement peut-il assigner pour résidence à un notaire un hameau, un faubourg distinct du chef-lieu de la commune ?*

77° *L'affirmative* résulte d'une ordonnance royale du 9 mai 1838.

Rolland de Villargues, v° *résidence,* n° 18 ; Dict. du Not.. *eod., verbo,* n°s 15 et 16.

Dans ce cas, le notaire ne peut transporter sa résidence dans une partie de la commune autre que celle désignée spécialement dans la commission, sans commettre une infraction à l'obligation de la résidence. Cette doctrine résulte d'une manière formelle et expresse de l'art. 45 de la loi de ventôse et de cette expression de *lieu fixe,* qui y est employée.

Dalloz, v° *Notaire,* n° 35 ; Toulouse, 31 déc. 1844.

78° Le ministère de la justice a même décidé le 28 mai 1837 que, lors même que la commission assignerait à un notaire la commune, sans aucune autre indication plus précise, ce dernier nommé en remplacement d'un autre notaire résidant dans un *faubourg,* ne peut transporter sa résidence dans la ville même, de laquelle dépend le faubourg.

E. *De la réunion de la résidence à un autre canton.*

79° Si par une nouvelle circonscription de territoire, la résidence d'un notaire est réunie à un autre canton, il *conserve* sa résidence et acquiert le droit d'instrumenter dans le *nouveau* canton, mais il perd celui d'exercer dans l'*ancien.*

F. *Des principaux effets de la résidence.*

80° La résidence a *deux* effets importants :

Le *premier,* de déterminer le ressort, dans lequel le notaire doit instrumenter ;

Le *second,* qui est en quelque sorte la *conséquence* du premier, d'indiquer la classe des différentes études.

§ 2. Fixation et changement de résidence.

81° La fixation de la résidence est un *droit exclusif* du Gouvernement, ainsi qu'il résulte de l'art. 45 de la loi de ventôse ainsi conçu : « Les notaires « seront nommés par le premier consul (actuellement « l'Empereur) et obtiendront de lui une commission, « qui énoncera le lieu fixe de la résidence. »

Nous examinerons au commentaire de cet article 45 toutes les questions relatives à la fixation de la résidence et au changement qui peut en être fait sur l'initiative du Gouvernement ou sur la demande du titulaire.

3. — Des infractions à l'obligation de la résidence.

SOMMAIRE.

82° *Comment doit être exécutée l'obligation de la résidence ?*

L'obligation de la résidence doit être *conciliée* avec le droit qu'a le notaire d'instrumenter, dans son ressort. Ainsi nous avons vu sous le commentaire de l'article 3 que le notaire est tenu d'obéir aux réquisitions des parties et de se transporter dans le lieu où son ministère est nécessaire, pourvu que ce lieu appartienne au ressort qui lui est assigné par sa classe ; en conséquence, il peut se déplacer et aller recevoir des actes dans une commune où réside un autre notaire, mais il faut que ce déplacement n'ait lieu que sur une réquisition expresse des parties.

Décis. min. just., du 30 oct. 1804 et 3 déc. 1836.

83° *La réquisition des parties doit-elle être écrite, et le notaire doit-il en justifier? Valeur de la mention de réquisition insérée dans l'acte.*

Il n'est pas nécessaire que cette réquisition soit écrite ni qu'elle soit faite par le ministère d'un huissier ; il suffit qu'elle soit verbale, et *on doit supposer son existence jusqu'à preuve contraire.*

De plus, le notaire n'est pas tenu d'en justifier à qui que ce soit.

Néanmoins le ministère public est autorisé à faire la preuve de l'absence de réquisition, lors même que l'acte contiendrait la mention expresse que le *notaire a été requis ;* car cette mention, qui n'est pas de l'essence de l'acte et qui est étrangère aux parties, peut être déclarée mensongère, sans nuire à l'authenticité de l'acte.

84° *Des infractions diverses à la règle de résidence.*

L'infraction à l'obligation de résidence peut avoir lieu de trois manières :

A. *Par une absence prolongée de l'étude, qui pourrait en faire présumer l'abandon ;*

B. *Par l'ouverture d'une seconde étude ;*

C. *Par le transport périodique et à jour fixe du notaire dans une autre commune.*

85° A. *Absence prolongée de l'étude.*

Le notariat, avons-nous dit, est institué pour satisfaire aux divers besoins des citoyens ; il est donc nécessaire qu'un notaire ne fasse pas une absence de son étude assez prolongée, *pour que les intérêts de sa clientèle soient en souffrance.*

Mais dans quelles circonstances une absence pourra-t-elle être considérée comme une infraction à la règle de la résidence? C'est là évidemment une question *toute d'interprétation* laissée à l'appréciation du Ministre de la Justice. Mais, néanmoins, il faut, d'une part, que l'absence soit assez prolongée pour obliger la clientèle à un déplacement, et, d'autre part, que l'examen des circonstances puisse faire supposer chez le notaire *l'intention* d'abandonner son étude.

Nous pensons donc avec le *Dict. du Not.* v° *résidence,* n° 79, que, lorsqu'un notaire doit faire une absence *momentanée* de son étude , il n'est pas astreint à en demander l'autorisation au procureur impérial. Cependant , si son absence doit être assez longue, nous pensons que par prudence il doit avertir le procureur impérial et le président de la Chambre et s'entendre en outre avec un de ses confrères pour le substituer.

86° Il y a *abandon* de la résidence :

1° Lorsque le notaire quittant la résidence qui lui est fixée, va s'établir avec sa famille, ses clercs et ses minutes dans une autre commune, pour y avoir étude ;

Tournon, 16 déc. 1890 ; Draguignan, 14 fév. 1837 ; Cass., 11 janvier 1841.

2° Lorsqu'il ne conserve qu'un domicile fictif au lieu de sa résidence de droit ;

Ord., 26 nov. 1836; Trib. d'Issingeaux, 20 mai 1845; Toulouse, 14 juin 1838.

3° Lorsqu'il s'absente pendant un temps assez long, sans donner de ses nouvelles ;

4° Lorsqu'il prend la fuite par suite du mauvais état de ses affaires ou pour éviter des poursuites criminelles.

87° B. *Création d'une seconde étude.*

La création d'une seconde étude dans une commune autre que celle fixée pour la résidence, est caractérisée par ces quatre faits : 1° *La périodicité du transport dans cette commune ;* 2° *Le choix d'un local déterminé,* dans lequel le notaire instrumente et attend sa clientèle ; 3° *L'absence de réquisition par les parties ;* 4° Et surtout *l'installation d'un clerc à domicile* et le dépôt *d'un certain nombre de minutes* concernant la localité où le notaire instrumente illégalement.

Toutes ces circonstances réunies établissent la création d'une seconde étude et sont considérées par une nombreuse jurisprudence comme constituant une infraction formelle à l'obligation de la résidence.

Dict. du Not., v° résidence, n° 57 ; Rolland de Villargues, *cod. verb.,* 29.

Ord. 2 nov. 1835 et 26 nov. 1836 ; Cass., 25 juillet 1840 et 11 janv. 1841 ; Rennes, 26 juin 1833 et 24 août 1841 ; Riom, 18 mai 1833, 12 mars 1844 et 28 déc. 1846 ; Rouen, 26 juin 1837, 9 fév. 1839 ; Rennes, 1er avril 1843 ; Paris, 4 fév. 1843 ; Trib. Neufchâtel, 31 janv. 1835 ; Trib. Brignoles, 10 août 1836 ; Tournon, 16 déc. 1836 ; Pont-Audemer, 25 mai 1838 ; Bordeaux, 21 août 1854 ; Domfront, 21 juillet 1858 ; Bourbon-Vendée, 1er avril 1856 ; Cass., 30 mai 1859.

88° C. *Transport périodique et à jour fixe dans une autre commune.*

Certains notaires ruraux ont l'habitude de se transporter à leur chef-lieu de canton les jours de foires et marchés, y donnent des rendez-vous d'affaires et y reçoivent des actes dans les auberges.

Il n'y a pas, dans l'espèce, ce qui constitue la création d'une seconde étude, c'est-à-dire la location d'un local déterminé, où le notaire instrumente et le dépôt d'un certain nombre de ses minutes dans ce local.

Mais peut-on considérer néanmoins le transport périodique et à jour fixe comme une infraction à la règle de la résidence ?

Pour soutenir qu'il n'y a pas infraction, l'on peut dire en faveur des notaires ruraux qu'ils sont tenus de faire enregistrer leurs actes au bureau du chef-lieu du canton, et que leur clientèle se rendant aux foires et marchés, ils n'y viennent eux-mêmes que pour se mettre à leur disposition et leur éviter un déplacement quelquefois considérable.

Ch. des not. de Bergerac, 17 nov. 1854 ; Nimes, 23 déc. 1825 ; Cass., 21 fév. 1827 ; trib. de Dreux, 14 janv. 1832 ; Paris, 14 mai 1832 ; décis. min. de la just., du 3 déc. 1836.

Mais pour établir qu'il y a infraction, l'on répond que le transport du notaire à jour fixe et effectué ordinairement dans l'unique but de recevoir des actes, est une contravention formelle à la règle de la résidence, et que les notaires n'exerçant leur ministère que sur la réquisition des parties, d'après l'art. 3 de la loi de ventôse, ne peuvent aller dans un chef-lieu de canton où résident ordinairement d'autres notaires, enlever la clientèle de ces derniers et leur faire une concurrence déloyale.

Evreux, 27 août 1836 ; Bordeaux, 21 août 1854 ; Caen, 4 juin 1857 ; Lisieux, 22 avril 1858 ; Cir. du procur.-gén. de Caen, 22 janvier 1841 et 30 juin 1857.

Dict. du Not., v. *résidence,* n° 65 et suivants.

89° Pour nous, nous pensons que la question dépend entièrement des circonstances et surtout des habitudes de chaque clientèle.

Ainsi, le notaire rural ne reçoit-il au chef-lieu de canton que les actes de sa clientèle ordinaire, c'est-à-dire, de celle que comporte sa résidence, et ce transport dans les foires et marchés n'est-il de sa part qu'un moyen de la retenir et de la satisfaire ! Nous inclinerions alors à enseigner que ce fait du transport périodique n'est pas une infraction à l'obligation de la résidence.

Mais si, au contraire, la clientèle du notaire rural n'a pas l'habitude de fréquenter les foires et les marchés du chef-lieu de canton, et si le transport périodique de ce dernier n'a dès lors d'autre but que d'enlever à ses confrères du chef-lieu des actes qui devraient leur revenir, nous n'hésiterons pas à déclarer que dans ce cas nous voyons une infraction bien caractérisée à la règle de la résidence.

Il faut ajouter que le nombre plus ou moins grand des actes reçus par le notaire hors de sa résidence doit être pris en grande considération dans l'appréciation de la question.

Notre argumentation repose sur ce principe que la résidence notariale n'a été établie par le gouvernement que pour faciliter les transactions sociales et pour éviter une concurrence déloyale entre les notaires. Or, si le fait du transport périodique d'un notaire n'est pas un acte de concurrence illégale, il ne peut être considéré comme une infraction à l'obligation de la résidence.

90° Il est presque superflu d'observer que ce qui constitue l'infraction, ce n'est pas la fréquence des transports, mais bien l'absence de réquisition par les parties.

91° *Marche à suivre pour constater l'infraction à l'obligation de la résidence.*

La contravention à l'obligation de la résidence ne peut être appréciée qu'après une enquête contradictoire faite à la diligence du ministère public, et chaque affaire pour recevoir une solution judiciaire et équitable, doit être étudiée avec soin dans ses phases diverses et dans ses différentes circonstances.

Mais si un notaire se trouve lésé dans ses intérêts par les infractions à la résidence d'un confrère, il doit, avant de porter sa plainte au parquet, réclamer l'intervention *paternelle* de la chambre de discipline, qui souvent, par un simple avis, peut faire cesser cet abus.

§ 4. — Des répressions aux infractions sur la règle de la résidence.

SOMMAIRE.

92° *Des diverses sortes de répression.*

Les infractions à la résidence sont soumises à deux sortes de répression : l'une qui est l'*action publique* est exercée par le gouvernement, le tribunal civil ou la chambre de discipline, et l'autre qui est *l'action civile* est mise en mouvement par le notaire, qui est lésé dans ses intérêts par l'infraction de résidence.

93° A. *De l'action publique. Ses subdivisions en action administrative et action disciplinaire.*

L'*action publique* se subdivise en *action administrative* et *action disciplinaire.*

94° De *l'action administrative.*

L'*action administrative*, résulte de ces termes employés dans l'art. 4 de la loi de ventôse : « En cas « de contravention, le notaire sera considéré comme « démissionnaire ; en conséquence, le grand juge, « ministre de la justice, après avoir pris l'avis du « tribunal, pourra proposer au gouvernement le rem- « placement. »

L'expression *pourra*, dont se sert le législateur, démontre que le droit de réputer démissionnaire le notaire qui enfreint la résidence est pour le garde des sceaux une faculté, un *pouvoir discrétionnaire*, dont l'exercice n'est subordonné à aucun délai fatal.

Du reste, si le notaire qui a enfreint la résidence a donné sa démission, il n'y a pas lieu de le poursuivre en vertu de l'art. 4. (décis. min. just., du 17 oct. 1837.)

95° Le droit de pourvoir au remplacement du notaire infracteur, appartient *exclusivement* au garde des sceaux et n'est nullement de la compétence des tribunaux.

Turin, 9 janv. 1810 ; Metz, 21 juill. 1818 ; ord. Cons. d'État, 28 août 1822, 9 mai 1838, et décret du 30 juin 1860.

Et les décisions du garde des sceaux à cet égard ne peuvent être déférées au Conseil d'Etat par la voie contentieuse.

Ord. du Cons. d'Etat. du 28 août 1822 et 9 mai 1838.

Contrà. Gagneraux, n° 24.

96° *Dans quels cas s'exerce l'action administrative?*

L'action administrative s'exerce aussi bien dans le cas du *transport périodique* que dans ceux *d'abandon absolu* de la résidence ou d'*ouverture d'une seconde étude.*

Turin, 9 janv. 1810 ; Nîmes, 25 déc. 1825 ; Cass., 29 juin 1829 ; Ord. des 2 nov. 1835 et 6 novembre 1836.

Contrà. Dreux, 27 août 1836.

97° *Des mesures à prendre et des formalités à remplir pour arriver à la démission du notaire infracteur.*

Le notaire lésé par une infraction de résidence peut adresser contre son confrère une plainte, soit à la chambre de discipline, qui par son intervention paternelle peut faire cesser l'abus, soit au procureur impérial ou au ministre.

Il résulte d'une circulaire ministérielle du 24 vendém. an VI, que, sur *une première plainte*, le ministre se borne à faire des injonctions officieuses, et, par exemple, charge le procureur impérial d'avertir le notaire ; si celui-ci continue, le ministre ordonne au procureur impérial de demander l'avis du tribunal, par simple voie *consultative.*

Req., 24 juin 1829.

Le tribunal demande ordinairement des renseignements à la chambre de discipline, avant de formuler son avis.

Lorsque le ministre ne se trouve pas suffisamment éclairé, soit par la plainte, soit par les renseignements de la chambre ou du tribunal, il ordonne une enquête qui a lieu à la requête du ministère public et contradictoirement avec le notaire contrevenant. Cette enquête est adressée au ministre, qui provoque une ordonnance de démission, dont une copie, par l'intermédiaire du procureur impérial, est notifiée au notaire.

98° *Des effets et des conséquences de la démission.*

Le notaire démissionnaire doit cesser ses fonctions du jour où lui est parvenue la notification.

Décis. minist. just., 12 déc. 1836 et 19 janv. 1837 ; Dalloz, n° 49.

Contrà. Dict. du Not., v° *résidence*, n° 101.

Mais quoique démissionnaire, il peut présenter un successeur.

Décis. minist. just. 19 janv. 1837 ; Dalloz, n° 49.

La démission est immédiatement suivie d'une apposition de scellés sur les minutes, qui sont remises à un autre notaire en vertu d'une ordonnance du président du tribunal. Art. 61 de la loi de ventôse.

99° *De l'action disciplinaire.*

Les tribunaux civils sont-ils compétents pour connaître *disciplinairement* de la contravention d'infraction à la résidence commise par un notaire, lors même qu'il n'y a pas lieu à l'application de la peine portée par l'art. 4 de la loi de ventôse ?

La *négative* a été décidée par la cour de Metz, 20 juin 1846 ; mais l'*affirmative* a prévalu en jurisprudence et en doctrine.

Évreux, 27 août 1836 ; Bourbon-Vendée, 1er avril 1846 ; Rouen, 26 juin 1837 ; Limoges, 9 nov. 1842 ; Paris, 31 janv. 1843 ; Toulouse, 31 déc. 1844 ; Cass., 21 fév. 1827 ; Bordeaux, 29 nov. 1859 ; Paris, 17 mars 1862.

Dict. du Not., n°s 105 et suiv. ; Dalloz, n° 56 ; Gagneraux, n°s 25 et 26 ; Rolland de Villargues, n° 55.

100° Mais si un notaire avait abandonné sa résidence pour se soustraire à une action criminelle, dirigée contre lui, sa destitution ne devrait pas être poursuivie *administrativement*, en vertu de l'art. 4 de la loi de ventôse, mais *judiciairement*, conformément à l'art. 53 de la même loi. Il serait donc déchu du droit de présenter un successeur.

Déc. minist. 11 juillet 1835.

101° L'action disciplinaire peut être portée, soit devant la Chambre de discipline pour application de l'une des peines prévues par l'art. 14 de l'ord. du 4 janv. 1843, soit devant le tribunal de première instance, en vertu de l'art. 53 de la loi du 25 ventôse an XI.

Toutefois les tribunaux ne peuvent pas appliquer la peine de la destitution, parce qu'alors ils empiéteraient sur les prérogatives du garde des sceaux, mais seulement la suspension ou toute autre peine.

102° B. *De l'action civile en dommages-intérêts.*

Le notaire que lèse un de ses confrères par l'infraction de la résidence, a une action civile en dommages-intérêts pour réparation du préjudice que lui cause ce fait.

La base de cette action est puisée dans le principe général édicté par les art. 1382 et suiv. du C. N. ; mais elle ne peut être intentée qu'autant qu'il existerait *en fait* un *détournement de clientèle.*

Aurillac, 10 août 1836; Dict. du N., v° *résidence,* n° 123.

La jurisprudence est constante sur ce point qu'un notaire qui par infraction à la règle de la résidence détourne la clientèle de ses confrères, peut être poursuivi en dommages-intérêts par ces derniers, surtout lorsqu'il y a des manœuvres dolosives.

Cass. 15 juill. 1840, 11 janv. 1841, 30 mai 1839 et 8 mars 1864; Riom, 18 mai 1833 et 28 fév. 1834; Rouen, 26 juin 1837; Lyon, 30 août 1838 et 28 mars 1840; Nimes, 17 juin 1839; Rennes, 24 août 1841 et 11 déc. 1843; Paris, 31 janv. 1843; Caen, 4 juin 1857; Neufchâtel, 31 janv. 1833; Aurillac, 10 août 1836; Brignoles, 20 août 1836; Tournon, 16 déc. 1836; Draguignan, 14 fév. 1837; Privas, 17 avr. 1837; Villefranche, 29 mars 1838; Pont-Audemer, 15 mai 1838; Bourbon-Vendée, 1er avril 1846; Gien, 2 fév. 1858; Lisieux, 22 avr. 1858; Toulouse, 14 juin 1858; Domfront, 21 juillet 1858; Draguignan, 22 mars et 1er août 1858; Aix, 24 fév. 1860; Pau, 28 fév. 1861 et 4 fév. 1862.

Dalloz, n° 61; Chotteau, n° 55; Rolland de Villargues, v° *résidence,* n° 59; Dict. du Not., n° 118.

103° L'action civile est indépendante de l'action publique et peut s'exercer, lors même que cette dernière n'aurait pas eu lieu.

Cass., 11 janv. 1841.

Contrà. Aix, 29 juillet 1837.

Ou lors même que le notaire poursuivi disciplinairement aurait été acquitté.

Draguignan, 14 fév. 1837; Nimes, 17 juin 1839.

104° L'appréciation du préjudice souffert a pour principaux éléments: 1° le montant des honoraires des actes détournés; 2° la durée de l'infraction; 3° le tort éventuel qui peut résulter d'une clientèle enlevée peut-être sans retour; 4° la diminution, qui doit affecter la valeur de l'étude en cas de cession.

La preuve de l'infraction peut s'établir par titres et par témoins. — Villefranche, 29 mars 1838 ; mais le notaire lésé n'est pas autorisé à demander la vérification de la totalité des minutes du notaire infracteur; cette mesure fort grave ne peut être autorisée que pour l'action publique.

Art. 5.

Les notaires exercent leurs fonctions, savoir :

Ceux des villes où est établi le tribunal d'appel, dans l'étendue du ressort de ce tribunal ;

Ceux des villes où il n'y a qu'un Tribunal de Première Instance, dans l'étendue du ressort de ce tribunal ;

Ceux des autres communes, dans l'étendue du ressort du Tribunal de Paix.

COMMENTAIRE.

§ 1er. *De la fixation du ressort des notaires et de ses bases ;*

§ 2°. *Des difficultés que peut présenter la détermination des règles du ressort.*

§ 1er. De la fixation du ressort des notaires et de ses bases :

SOMMAIRE.

105. Définition du ressort.

106 à 108. Des motifs, pour lesquels le législateur a établi les ressorts.

109. De la classification des ressorts.

110. Cette classification des ressorts établit-elle une prééminence des notaires de la première ou de la seconde classe sur ceux de la troisième ?

111. A qui s'appliquent ces règles du ressort ?

112. D'une exception à la règle du ressort.

105. *Définition du ressort.*

Le ressort est une étendue de territoire, dans laquelle un notaire a le droit d'instrumenter et hors de laquelle il est sans caractère légal pour authentiquer les conventions.

Le ressort détermine donc la capacité du notaire, et sa qualité de fonctionnaire public est en quelque sorte attachée au territoire, qu'il embrasse.

Mais il ne résulte nullement de cette division des ressorts que l'habitant d'une commune ayant un acte à passer, n'ait pas la faculté de choisir dans les diverses classes de notaires celui auquel il veut en confier la rédaction ; il peut à son gré s'adresser aux notaires de son canton, du chef-lieu de son arrondissement ou de la ville où est établie une cour impériale.

106. *Des motifs, pour lesquels le législateur a établi les ressorts.*

« Les notaires, dit Loret, p. 174, exercent une « magistrature; ils sont revêtus par la loi du pouvoir « de donner aux conventions des parties, le carac-« tère d'authenticité attaché aux actes de l'autorité « publique; ils sont, pour la juridiction volontaire, ce

« que les tribunaux sont pour la juridiction conten-
« tieuse ; ils doivent donc, comme les tribunaux,
« avoir un ressort certain, un arrondissement déter-
« miné, dans l'étendue duquel leurs fonctions soient
« circonscrites et leurs pouvoirs connus. »

107. M. Favard, rapporteur du tribunal, voulant
justifier l'établissement de plusieurs ressorts, rappe-
lait que l'exercice du Notariat a, de tout temps, été
circonscrit dans les limites territoriales et ajoutait :

« Le projet consacre le même principe ; il l'a ac-
« commodé au plan général du système judiciaire, il
« a paru juste que les officiers de la juridiction volon-
« taire eussent la même étendue de ressort que les
« magistrats de la juridiction contentieuse.

« Distribuer les notaires par ressort, les circons-
« crire dans ce même ressort, c'est les attacher à
« leur place, c'est se préparer les moyens de les ré-
« duire au nombre nécessaire, c'est enfin les rendre
« plus utiles aux citoyens pour lesquels ils sont éta-
« blis ; d'ailleurs, l'étendue des justices de paix qui
« forment le dernier ressort se trouve plus considé-
« rable que ne l'était celle d'une foule de petites juri-
« dictions anciennes, auxquelles la majeure partie
« des notaires étaient attachés, et, sous ce rapport,
« l'institution nouvelle leur est avantageuse. »

108. Enfin, M. le conseiller Réal, exposant
comme organe du gouvernement les motifs de la loi,
expliquait en ces termes la distinction des ressorts :

« Il faut reconnaître d'abord que si l'étude des
« lois, si la lecture des bons auteurs, sont des élé-
« ments nécessaires à l'instruction de l'homme qui
« se destine au Notariat, la perfection de cette ins-
« truction, le seul moyen de l'utiliser par l'applica-
« tion dépend essentiellement, je dirais presque uni-
« quement, de l'expérience ; et par conséquent
« l'instruction sera incontestablement plus grande et
« le talent sera plus parfait là où les affaires seront
« plus avantageuses, plus variées, et où le commerce
« et une population forte, compliquant les intérêts,
« présenteront dans les transactions des questions
« plus délicates à traiter, plus difficiles à résoudre.

« Ainsi des affaires plus difficiles exigeant une
« instruction plus parfaite, la nature des choses
« condamne la commune, et la loi devait, dans la dis-
« tribution des ressorts qu'elle donne aux notaires,
« établir une différence proportionnée à la différence
« qu'elle suppose dans l'instruction. »

109. *De la classification des ressorts.*

Les ressorts sont divisés par l'article que nous
commentons en *trois classes :*

La *première classe* se composant des notaires résidant dans une ville où est établi un tribunal d'appel
dénommé actuellement cour impériale, a le droit d'instrumenter dans l'étendue du ressort de cette cour.

La *seconde classe* comprenant les notaires établis
dans une ville où existe un tribunal de première ins-

tance, a elle-même pour ressort l'étendue du ressort
de ce tribunal.

Enfin, la *troisième classe*, composée des notaires
résidant dans des villes ou bourgs où n'existent ni
tribunal de première instance ni cour impériale, a le
même ressort que le tribunal de paix connu mainte-
tenant sous le nom de justice de paix.

110. *Cette classification des ressorts établit-elle une
prééminence des notaires de la première ou de la seconde classe sur ceux de la troisième?*

La qualité du ressort n'a nullement pour effet d'é-
tablir une distinction des notaires en notaires de ville
et notaires de campagne, ni de créer pour les notaires de
la première ou de la seconde classe une certaine prééminence sur ceux de la troisième ; les uns et les autres
ont les mêmes droits, les mêmes devoirs, et il est
vrai de dire avec Loret, t. i, p. 177, que « sous le
« point de vue de la confiance, les notaires ne com-
« posent qu'une seule classe. »

111. *A qui s'appliquent ces règles du ressort?*

Les règles du ressort s'appliquent aux notaires en
second comme aux notaires en premier ; les uns et les
autres sont obligés de les observer, à peine de nullité
de l'acte qu'ils reçoivent en dehors du territoire où ce
ressort est circonscrit.

112. *D'une exception à la règle du ressort.*

Une seule exception à cette règle est prévue par
l'art. 205 du C. de Procéd. civ. En vertu de cet article, lorsqu'il y a inscription de faux, un notaire
peut faire la copie figurée d'un acte, lors même que
le greffe du tribunal où il le dépose appartiendrait à
un autre ressort que le sien.

§ 2. **Des difficultés que peut présenter la
détermination du ressort.**

113. *Première difficulté.*

*Les notaires résidant dans des bourgs ou villages,
dont le chef-lieu de canton est le siége d'une cour impériale ou d'un tribunal de première instance, doivent-
ils être considérés comme des notaires de première ou
de seconde classe ?*

La *négative* a été décidée en ces termes par un avis
du Conseil d'État du 7 fructidor an xiii, ainsi conçu :

« On ne peut considérer comme notaires de pre-
« mière ou de seconde classe, ayant pour ressort
« celui d'une cour d'appel ou d'un tribunal de pre-
« mière instance, que *les notaires dont la résidence
« est fixée dans les villes où siégent ces tribunaux;*
« au contraire, les notaires qui résident dans les com-
« munes rurales, faisant partie des cantons, dont ces
« villes sont les chefs-lieux, ne sont que de la troi-
« sième classe, et n'ont droit qu'à une commission de
« cette dernière classe. »

114. *Deuxième difficulté.*

Les notaires ruraux attachés à des justices de paix, dont le chef-lieu est fixé dans une ville où siége un tribunal supérieur, ont-ils le droit d'exercer dans toute l'étendue de cette ville concurremment avec les notaires, qui y sont établis ?

L'affirmative résulte de l'avis précité du Conseil d'État du 7 fructidor an xii, que nous reproduisons textuellement :

« La loi du 25 ventôse an ii, accordant aux no-
« taires de simple justice de paix ou de troisième
« classe le droit d'exercer leurs fonctions dans toute
« l'étendue de la justice de paix, ceux résidant dans
« une commune rurale dont le chef-lieu est une ville
« où siége, soit une cour d'appel, soit un tribunal de
« première instance, peuvent, lorsqu'ils en sont re-
« quis, se transporter dans *la partie* de ces villes dé-
« pendant de leur justice de paix pour y instrumenter ;
« mais ils ne peuvent ouvrir étude, ni conserver le
« dépôt de leurs minutes ailleurs que dans le bourg
« ou village qui leur est assigné pour lieu de rési-
« dence. »

Par décision du 7 juin 1837, M. le garde des Sceaux a fait l'application de cette règle, en prescrivant à un notaire rural de n'instrumenter que dans la partie de la ville dépendant de la justice de paix.

115. *Troisième difficulté.*

Les notaires résidant dans une ville, siége d'une cour impériale ou d'un tribunal de première instance, concourent-ils avec ceux qui sont établis dans les bourgs et villages, pour former ensemble le nombre de notaires, que la loi prescrit par chaque canton ?

Le Conseil d'État, par son arrêté précité du 7 fruct. an xii, a également résolu cette question :

« L'art. 31 de la loi du 25 vent. an ii, voulant que
« le nombre des notaires soit fixé en raison de la
« population et du ressort, les notaires de la ville
« doivent, dans le cas posé, concourir avec ceux des
« bourgs et villages, pour former l'établissement des
« notaires des justices de paix, dans la proportion du
« nombre des habitants que renferme la ville avec
« celui des communes rurales dépendant de la même
« justice de paix. »

116. *Quatrième difficulté.*

*Lorsqu'une ville où n'est établi ni tribunal de pre-
mière instance ni cour impériale, est néanmoins divisée
en deux cantons formant chacun le siége d'une justice
de paix, les notaires résidant dans cette ville peuvent-
ils instrumenter dans l'étendue de toute la ville ou
seulement dans la partie de cette ville dépendant du
canton où ils résident ?*

1er Système. Ils peuvent instrumenter dans toute la ville, parce que la ville, quoique divisée en deux cantons, ne forme qu'une seule commune et que la population de cette commune ayant servi de base pour établir le tarif de leur cautionnement, il y aurait de l'injustice à restreindre leur ressort sur une partie de la ville seulement.

Loret, p. 179 ; Gagneraux, n° 14 du commentaire de l'art. 5.

2e Système. Chacun des notaires ne peut exercer que dans la partie de la ville, dont dépend sa justice de paix, et s'il en était autrement, la règle du ressort ne serait pas observée.

C'est à ce système que nous nous rattachons comme étant plus conforme au texte et à l'esprit de la loi.

Dict. du Not., v° *ressort*, n° 39 ; Rolland de Villargues, *eod. Verb.*, n° 13 ; Dalloz, v° *notaire*, n° 78 ; Augan, p. 48 ; Favier de Coulomb, sur l'art. 5.

117. *Cinquième difficulté.*

*Lorsque le tribunal de première instance se tient
dans une autre ville que le chef-lieu d'arrondissement,
le droit d'être notaires de seconde classe appartient-il
aux notaires résidant dans le siége de droit du tribunal ou à ceux établis dans le siége de fait ?*

Le garde des Sceaux, par une décision dont aucun recueil ne donne la date, accorde la prérogative de notaires de seconde classe à ceux qui résident dans le *siége de fait* du tribunal, sur le motif que le texte de la loi les désigne formellement et sans ambiguité possible par ces mots : *Dans une ville où il y a un tribunal de première instance.*

118. *Sixième difficulté.*

*Lorsque le siége du tribunal est déplacé, les notaires
de l'ancien siége perdent les prérogatives de notaires de
seconde classe, et le titre passe de plein droit aux notaires du nouveau siége.*

Les notaires du nouveau siége ne doivent pas pour cette extension du ressort une *indemnité* aux notaires de l'ancien siége, parce que le dommage qui résulte pour les derniers de ce déplacement n'est pas causé par le fait des premiers.

Art. 6.

**Il est défendu à tout notaire d'instru-
menter hors de son ressort, à peine
d'être suspendu de ses fonctions pendant
trois mois, d'être destitué en cas de récidive, et de tous dommages-intérêts.**

COMMENTAIRE.

§ 1er. *Prohibition faite aux notaires d'instrumenter hors de leur ressort ;*

§ 2e. *Sanctions pénales de la prohibition faite aux notaires, d'instrumenter hors de leur ressort.*

**§ 1er. Prohibition faite aux notaires d'ins-
trumenter hors de leur ressort.**

SOMMAIRE.

119. — *Des motifs de cette prohibition.*

La défense qu'édicte cet article est la *conséquence*
naturelle de la disposition contenue dans l'article pré-
cédent. Il ne suffisait pas, en effet, de circonscrire
dans des limites déterminées le ressort des notaires,
sans leur interdire d'instrumenter ailleurs et sans
fixer les peines, qui seraient la suite de l'infraction.

Nous avons déjà eu occasion de dire que *la qualité
de notaire était attachée au territoire,* en sorte qu'en
dehors d'un certain territoire, qui lui est assigné sous
le nom de *ressort* pour l'exercice de ses fonctions, cet
officier public n'a aucun caractère pour attester la
présence des parties, leurs signatures ou déclarations
de ne savoir signer, pour *authentiquer,* en un mot,
les conventions. Les actes dépourvus alors de toute
authenticité peuvent seulement valoir comme sous
seing privé, s'ils sont revêtus de la signature des
parties, ainsi que nous l'expliquerons plus amplement
dans le commentaire de l'article 68 de cette loi.

120. — *Que faut-il entendre par le mot* INSTRU-
MENTER?

Des *pourparlers* entre les parties à la *réalisation
des conventions* par acte authentique, il y a deux
périodes, *deux ordres successifs* de faits bien dis-
tincts.

La *première période,* le premier ordre de faits
comprend les pourparlers, les conférences, les préliminaires, les discussions des parties, les travaux pré-
paratoires d'une affaire, tels, par ex., que la réunion
des prétendants à l'acquisition d'un terrain, la fixation des prix et des autres conditions, et quelquefois
même l'assistance à la rédaction d'un acte sous-seing
privé.

L'adhésion de toutes les parties, la lecture de
l'acte par le notaire, la signature par les contractants
constituent la *seconde période* à parcourir pour la
conclusion définitive et irrévocable de l'opération.

Pendant tous les faits de la *première période* le
notaire n'est pas encore dans l'exercice de ses fonctions, et les parties n'ont pas besoin de faire appel
à son caractère public.

Mais il en est autrement pour les faits de *la seconde
période,* quand les consentements des parties étant
échangés et irrévocablement fixés, les conventions
sont lues par le notaire et acceptées par les signatures
des contractants; alors il agit comme officier public,
il reçoit un acte et instrumente.

Cette doctrine qui est confirmée par la loi du **21**
juin 1843 et le rapport qu'a présenté M. Philippe
Dupin, est enseignée par tous les auteurs.

Gagneraux, n° 10; Augan, p. 49; Sellier, note 12, n°ˢ 6 et
suiv.; Dalloz, v° *notaire,* n° 80; Dict. du not., v° *ressort,*
n° 46; Rolland de Villargues, *eod. verb.,* n° 18; Chotteau, n° 71;
Éd. Clerc, *formul.,* n° 113.

121. — M. Delangle, alors avocat général, por-
tant la parole devant la chambre des requêtes de la
cour de cassation, le 1ᵉʳ juin 1842, aff. Poinsignon,
avait dit, il est vrai, que la réception d'un acte devait
s'entendre non pas seulement de la formation du
contrat, c'est-à-dire de sa lecture et de sa signature,
mais encore des discussions préliminaires, des débats
plus ou moins étendus qui ont existé entre les parties,
en présence du notaire.

Mais nous croyons avoir suffisamment prouvé que
cette opinion, d'ailleurs isolée, de l'éminent magistrat ne peut pas être suivie.

122. — Toutefois, si un notaire non-seulement
assistait aux pourparlers des parties, mais encore
écrivait l'acte en dehors du ressort, se réservant de
faire apposer les signatures des contractants dans son
étude, et si ce fait, loin d'être isolé et accidentel, ren-
trait dans *les habitudes* du notaire incriminé, nous
inclinerions à penser qu'il y aurait contravention à
l'art. 6.

Dalloz, v° *Notaire* n° 81; Toulouse, 31 déc. 1844, *contrà,*
Gagneraux, n° 10.

Mais aucune incertitude ne serait possible sur
l'existence de l'infraction, si le notaire avait fait
signer les parties hors de son ressort et n'avait apposé
dans son étude que sa propre signature.

Dict. du Not., v° ressort, n° 49; Dalloz, v° notaire, n° 81;
Roanne, 5 déc. 1844.

Ce jugement est ainsi conçu:

« Considérant que MM... a apporté au domicile de Cote, en
« cette ville de Roanne, par conséquent hors du ressort de sa rési-
« dence, deux actes de vente et de quittance rédigés par lui dans
« la forme d'actes notariés; qu'à ce domicile, il a reçu le consen-
« tement et les signatures de quelques-unes des parties; qu'en le
« faisant il a réellement instrumenté hors de son ressort;
» Considérant en effet que, s'il est vrai que la signature du
« notaire fait le complément de son acte en forme authentique,
« cette signature ne constitue pas à elle seul l'acte, l'instrument
« authentique; que la déclaration du consentement des parties,
« la lecture qui leur est faite de l'acte, et leurs signatures entrent
« nécessairement dans les conditions et les formalités de l'ins-
« trument; qu'en constatant l'accomplissement de ces mêmes
« conditions et formalités, le notaire accomplit bien évidemment
« des parties essentielles de son instrumentation de notaire. »

123. Énumération de certains cas dif-
ficiles à apprécier.

1ᵉʳ CAS. *Le notaire qui procède hors de son ressort à
une vente publique d'immeubles et rédige ensuite le pro-
cès-verbal dans son étude, contrevient-il à l'article 6?*

La cour de Cassation, par arrêt du 3 juillet 1826,

a jugé la *négative*, par ce motif que l'apposition d'affiches et la mise aux enchères constituent de simples opérations, qui tiennent seulement aux fonctions notariales et ne constituent pas *un fait d'instrumentation.*

Mais *l'affirmative* nous semble beaucoup plus juridique et a été consacrée par le tribunal de Blois, le 3 mars 1841, en ces termes :

« Considérant que ce n'est pas seulement lorsque le notaire fait signer aux parties la feuille de papier, sur laquelle il a transcrit leurs conventions, qu'il instrumente dans le sens de la loi, c'est encore lorsqu'agissant avec l'appareil extérieur qui le caractérise, étant dans l'exercice le plus parfait et le plus solennel de ses fonctions, il appelle les contractants, leur lit les charges, provoque et reçoit publiquement des enchères et les consentements, proclame enfin les adjudications, qui dans l'esprit et la conviction de toutes les parties, constituent d'irréfragables conventions, qu'il est certain, en effet, que c'est la présence du fonctionnaire et l'autorité, dont il est revêtu, qui donnent à ces adjudications leur véritable caractère; que c'est lui qui offre aux contractants les garanties que les opérations sont sérieuses, et qui sert de lien commun entre des vendeurs et des acquéreurs, qui la plupart du temps ne se connaissent pas. »

Nous pensons que la prudence doit engager les notaires à se conformer à cette solution.

Dict. du not., V. ressort, n° 51; Gagneraux, n° 8; Rolland de Villargues, eod. verb., n° 19; Ed. Clerc, traité gén. du Not., t. I, n° 29 et form., n° 114; Dalloz, v. notaire, n° 83.

124. Toutefois un notaire peut mettre en adjudication dans son étude des immeubles qui ne seraient pas situés dans son ressort; pour se conformer à la loi, il suffit que le fonctionnaire public se renferme dans son ressort pour la réception des actes.

Gagneraux, n° 9.

Orléans, 29 novembre 1826.

125. 2° Cas. *Un inventaire commencé par un notaire dans son ressort, peut-il être continué dans une maison située hors de ce ressort, pour terminer l'opération ?*

La *négative* ne nous paraît pas douteuse, parce qu'il y a dans ce fait une dérogation à la règle du ressort, que n'autorise pas le texte de la loi. Il faut, dans ce cas, confier l'opération à un autre notaire, qui ait le droit d'exercer dans ce ressort.

Gagneraux, n° 6; Dict. du Not., V, ressort, n° 59.

126. 3° Cas. *Un notaire qui, comme ami ou conseil, assiste ou participe à la rédaction d'un sous-seing privé, que les parties vont ensuite réaliser par acte authentique, dans son étude, contrevient-il à l'article 6 ?*

La *négative* résulte d'un jugement du tribunal de Metz, en date du 24 avril 1837, ainsi conçu :

Le tribunal :

« Attendu que, dans l'ancien usage des lois, *instrumenter* signifiait faire des actes ou des contrats authentiques;

« Attendu que sous la législation actuelle, les notaires ont, comme les autres citoyens, le droit de rédiger des actes sous-seing privé, soit dans leur ressort, soit hors de leur ressort; que la prohibition établie par l'art. 6 ne concerne donc que les actes de leur ministère;

« Attendu que cette interprétation est confirmée par l'art. 1 de la loi précitée et par l'art. 1317 du Code Civil;

« Attendu que M° Dauphin n'a pas figuré en nom et comme « notaire dans le bail passé à Epigny hors de son ressort le 20 no- « vembre 1836, enregistré à Vigny le 7 décembre suivant; qu'il « ne l'a pas revêtu de sa signature, en présence et avec l'assis- « tance de deux témoins; que le dépôt n'en a pas même été fait « dans son étude, pour être mis au rang de ses minutes, en exé- « cution de la quatorzième clause de cet acte; que la contraven- « tion audit article de la loi du 25 ventôse an XI alléguée par « M. le procureur du roi contre M° Dauphin n'est même pas « justifiée;

« Attendu que la preuve des faits articulés par ce magistrat ne « peut être ordonnée, puisque, en la supposant acquise, elle ne « constaterait pas un fait *d'instrumentation*, c'est-à-dire de rédac- « tion d'un acte du ministère de M° Dauphin, fait par lui hors de « son ressort;

« Attendu que, si ces faits étaient justifiés, ils pourraient à la « vérité, donner ouverture à l'action disciplinaire du ministère « public contre M° Dauphin, même quand ils ne seraient pas « assez graves pour faire prononcer contre ce notaire la peine de « la destitution ou de la suspension, même de simples dommages- « intérêts;

« Attendu, en effet, comme l'a jugé la cour de Cassation le « 15 juin 1836, que c'est à la juridiction ordinaire à suppléer « dans l'intérêt de l'ordre public au silence gardé par les cham- « bres de discipline des notaires;

« Mais attendu que ce n'est pas pour répondre à une action « disciplinaire que M° Dauphin a été traduit devant le tribunal, « qu'il devient donc inutile de s'occuper de la vérification et de « l'appréciation des faits, qui, dans l'état actuel de la cause, ne « peuvent recevoir de solution. »

Renvoie M° Dauphin. etc.

Conf. Ed. Clerc, formul., n° 116.

127°. La rédaction d'un sous-seing privé est quelquefois un expédient employé par certains notaires ambitieux, pour s'assurer la passation de l'acte authentique et s'attirer ainsi la clientèle d'un confrère voisin; ces manœuvres ne sont pas autorisées par la loi et constituent une infraction à la règle du ressort, surtout lorsque se renouvelant souvent, elles deviennent une *habitude* du notaire contrevenant.

Mais si le fait n'était qu'*accidentel* et se présentait naturellement, il serait pour les notaires un moyen facile de concilier les dispositions précises de la loi avec les exigences de leur clientèle.

128° *Existe-t-il une dérogation à la prohibition d'instrumenter en dehors du ressort ?*

La seule dérogation que nous connaissions, est celle qui est prévue par l'art. 205 du Code de procédure civ., ainsi que nous avons déjà eu l'occasion de l'expliquer *suprà*, n° 112.

Aucune autre circonstance n'autorise un notaire à instrumenter dans un ressort qui ne lui appartient pas, lors même que les notaires de ce ressort seraient empêchés pour cause d'absence, de maladie ou de parenté : il faudrait alors recourir à un notaire d'une classe supérieure, dont le ressort comprenne le canton où les notaires sont empêchés. Il est presque superflu d'observer que, s'il s'agissait d'une expertise ou de toute autre opération, le notaire n'agissant pas alors comme officier public pourrait y procéder hors de son ressort, comme tout autre particulier.

Ce principe ne souffre même pas d'exception dans le cas où le tribunal aurait commis un notaire d'office; la distinction des ressorts est de droit public, et les tribunaux ne peuvent y porter atteinte.

Rolland de Villargues, v° *ressort*, n°° 22; Gagneraux, n° 3 et 5; Ed. Clerc, *Formul.*, n° 109; Dict. du Not. v° *ressort* n° 55.

Sellier, dans la note 12 n° 22, enseignait la même doctrine et a cru ensuite devoir revenir sur cette opinion dans le n° 95 de son recueil périodique, par le motif que les articles 743, 746, 954 et 969 du C. de Procéd. civ., ne prescrivent point au juge de porter son choix sur un notaire ayant le droit d'instrumenter dans le lieu où se fait la vente.

Nous repoussons cette distinction, que n'autorisent ni le texte de la loi, ni son esprit.

129°. *De l'énonciation du lieu où est passé l'acte.*

La disposition de l'article 6 devant être observée à peine de nullité d'après l'art. 68 de la loi de ventôse, l'acte doit contenir la preuve qu'il a été passé dans le ressort, et la mention qu'il renferme à cet égard ne peut être détruite que par la voie d'inscription de faux.

En conséquence le notaire qui ayant reçu un acte hors de son ressort le date d'un lieu où il a le droit d'instrumenter, se rend coupable du crime de faux.

§. 2. Sanctions pénales de la prohibition faite aux notaires d'instrumenter hors de leur ressort.

SOMMAIRE.

130. Enumération des peines prononcées contre le notaire contrevenant.

131. Du mode d'application de ces peines.

130°. *Enumération des peines prononcées contre le notaire contrevenant.*

Pour prouver l'importance qu'il attache à l'observation de la règle du ressort, le législateur a cru devoir prononcer contre le notaire infracteur des peines d'une extrême sévérité, sous le double rapport de la vindicte publique et de la réparation du préjudice que peuvent éprouver les parties.

Ces peines sont:

A. Une *suspension de trois mois* pour *la première contravention*, que peut commettre le notaire;

B. La *destitution*, s'il y a *récidive*;

La suspension et la destitution sont prononcées par les tribunaux civils, en vertu de l'art. 53 de la loi que nous commentons ;

C. La *nullité absolue* de l'acte, s'il n'a pas été signé par toutes les parties ou si la forme notariée est obligatoire pour la constatation des conventions qu'il contient.

Au commentaire de l'art. 68 de cette loi, nous verrons que l'acte aurait la valeur d'un acte sous-seing privé, *s'il était signé de toutes les parties*. Dans tous les cas cette nullité doit être prononcée par les tribunaux.

D. Et enfin les *dommages-intérêts*, qui, d'après l'expression de Loret, p. 185, sont la juste réparation des pertes qui pourraient résulter, soit pour les parties elles-mêmes, soit pour des tiers, de la nullité ou de la défectuosité de l'acte reçu par le notaire prévaricateur.

« L'intention de ces parties, en s'adressant à un
« notaire, continue l'estimable auteur, était de donner
« à l'acte le caractère d'authenticité qui lui procurât
« la force et l'autorité d'un acte public; le notaire
« aurait, dans ce cas, trompé leurs intentions; elles
« n'étaient pas obligées, comme lui, de connaître les
« limites de son ressort; il a reçu leur acte comme
« notaire, il a donc annoncé que ses pouvoirs s'éten-
« daient dans le lieu où l'acte a été passé; il a par
« conséquent, abusé de leur crédulité, et doit réparer
« les pertes qu'il a occasionnées.

« Ainsi, si l'acte, faute de signatures, est nul, le
« notaire doit faire raison des suites de cette nullité;
« il doit faire valoir les ventes faites, les sommes
« payées, les quittances données, les obligations
« consenties, en un mot, tout ce qui est contenu
« dans l'acte.

« Si l'acte reçu en contravention du présent article
« est une donation entre-vifs, un testament public,
« qui, quoique revêtu des signatures n'en seraient
« pas moins nuls, le notaire doit indemniser les
« donataires et légataires des avantages qui leur
« seraient faits par ces actes.

« Enfin, si l'acte est valable comme écrit sous
« signature privée et est seulement dépouillé du
« caractère d'authenticité, dont les parties avaient
« voulu le faire revêtir, le notaire doit être garant
« de la perte de l'hypothèque légale ou conventionnelle
« qui pourrait en résulter, ainsi que de tous les
« autres avantages provenant du défaut d'authenti-
« cité.

« Dans tous les cas, il n'y a pas de doute que le
« notaire doit restituer aux parties les honoraires
« qu'il avait reçus et supporter les frais qui pourraient
« avoir lieu entre elle, en raison du vice d'un pareil
« acte ou des suites de son irrégularité. »

A ces observations si pleines de sens de Loret, nous ajouterons que la responsabilité du notaire sera plus ou moins gravement compromise, s'il s'est offert de lui-même aux parties, sans les avertir de son incompétence ou s'il n'a fait que céder à leurs sollicitations; dans ce dernier cas, les contractants se sont en quelque sorte rendus complices de l'infraction et sont jusqu'à un certain point peu fondés à demander réparation d'un préjudice dont ils sont les principaux auteurs.

131°. *Du mode d'application de ces peines.*

Lorsque la contravention est constatée, les tribunaux sont-ils obligés d'appliquer *dans toute leur rigueur* les peines de la suspension ou de la destitution?

1er *Système.* Les tribunaux n'ont pas le droit de les mitiger.

Fouquet, Biblioth. du barreau, t. II, p. 139; Rolland de Villargues, v° *ressort*, n° 28; Dict. du not. *eod. v.*, n° 73.

2e *Système.* Les tribunaux ont le droit d'apprécier les circonstances, dans lesquelles a eu lieu la contravention et de ne sévir qu'autant qu'il y aurait eu chez le notaire infracteur intention évidente de violer la loi.

C'est à ce système que nous nous rallions, par les motifs qu'indique M. Gagneraux, n° 13: « Sans doute, « dit cet auteur judicieux, il est de jurisprudence « certaine en matière fiscale que les tribunaux ne doi- « vent examiner que le fait matériel de la contraven- « tion, sans pouvoir entrer d'aucune manière dans « l'appréciation des moyens d'excuse; mais on ne « saurait étendre cette jurisprudence aux contraven- « tions à la loi du notariat; il n'y a point d'analogie « entre les cas. Si la rigueur de la loi ne peut être « mitigée par les tribunaux, lorsqu'il s'agit de la ren- « trée des deniers publics, elle trouve son correctif « dans le droit qu'a l'administration d'apprécier la « bonne foi des contrevenants. A l'égard des notaires « au contraire, les tribunaux sont seuls juges; eux « seuls aussi peuvent exercer le pouvoir modérateur. « Ils doivent donc dans tous les cas examiner les cir- « constances dans lesquelles les notaires ont instru- « menté hors de leur ressort et ne sévir que lorsqu'il « y a intention évidente de faire fraude à la loi. »

Conf. Dalloz, v° *notaire*, n° 89; Ed. Clerc, *Formul.*, n° 118.

Art. 7.

Les fonctions de notaire sont incompatibles avec celles de juges, commissaires de gouvernement près les tribunaux, leurs substituts, greffiers, avoués, huissiers, préposés à la recette des contributions directes et indirectes, juges, greffiers et huissiers des justices de paix, commissaires de police et commissaires aux ventes.

COMMENTAIRE.

§ 1er. *Des fonctions incompatibles avec celles de notaire.*

§ 2°. *Des fonctions compatibles avec celles de notaire.*

§ 3°. *Énumération de certains cas d'empêchement ou d'excuse.*

§ 4°. *Des peines encourues par le notaire qui accepte des fonctions incompatibles. — Renvoi.*

§ 1er. Des fonctions incompatibles avec celles de notaire.

SOMMAIRE.

132. Définition de l'incompatibilité et sa différence d'avec l'empêchement et l'excuse;

133. Des motifs, pour lesquels ont été établies les incompatibilités;

134. Des diverses lois qui établissent les incompatibilités;

135. Des principes, sur lesquels reposent la règle de l'incompatibilité;

136 Énumération de diverses fonctions incompatibles avec celles de notaire.

132. *Définition de l'incompatibilité et sa différence d'avec l'empêchement et l'excuse.*

Les fonctions incompatibles sont des fonctions, qui, par des raisons d'ordre ou de convenance sociale, ne peuvent être exercées par la même personne.

L'incompatibilité diffère essentiellement des *excuses* et des *empêchements,* qui ont pour cause et pour principe un certain état de choses, une situation particulière et non l'exercice d'une autre fonction proprement dite.

133. *Des motifs pour lesquels ont été établies les incompatibilités.*

L'incompatibilité des fonctions notariales avec plusieurs autres fonctions trouve sa *justification* dans plusieurs considérations d'intérêt général et d'intérêt privé des notaires, que nous allons énumérer :

A. Un homme est dans l'impossibilité de *bien remplir* à la fois deux fonctions, dont une seule suffit pour absorber le temps qu'il peut y consacrer ;

B. Il serait *injuste* de réunir dans une même main plusieurs fonctions, dont chacune peut procurer à son titulaire d'honnêtes moyens d'existence ;

C. Il est de principe naturel qu'aucun citoyen ne puisse, soit directement, soit indirectement, exercer une autorité chargée de la surveillance de fonctions qu'il remplit dans une autre qualité, et que par l'exercice de cette autorité, il ait la facilité d'opérer une pression sur la clientèle et de la détourner au détriment de ses confrères ;

D. Nul ne peut à la fois posséder et exercer deux offices transmissibles ;

E. La justice de ces considérations est proclamée par le législateur lui-même :

« Ces diverses incompatibilités, dit M. Favard dans « son rapport au tribunal, sont fondées sur l'intérêt

« politique de la société, sur les leçons de l'expé-
« rience, sur la nature et la perpétuité des fonctions
« du notaire. Il ne faut pas l'investir d'une autorité
« chargée de la surveillance de ses fonctions notariales,
« ou lui en confier d'autres qui le distrairaient de ses
« études ou dont il pourrait abuser. »

134. *Des diverses lois qui établissent les incompatibilités.*

La règle d'incompatibilité portée dans l'article que nous commentons, n'est pas *limitative* quant aux énonciations qu'elle renferme, et il convient d'y ajouter celles spécifiées dans les diverses lois et ordonnances, dont nous allons faire la citation en énumérant chaque profession incompatible.

Nous indiquerons cependant la principale de ces lois, celle du 24 vendémiaire an III, dont l'article 1er du titre II est ainsi conçu :

« Aucun citoyen ne pourra exercer ni concourir à
« l'exercice d'une autorité chargée de la surveillance
« médiate ou immédiate des fonctions qu'il exerce
« dans une autre qualité. »

135. *Des principes sur lesquels repose la règle de l'incompatibilité.*

La règle de *l'incompatibilité* repose sur l'application des principes suivants :

A. Aucun citoyen, porte la loi précitée du 24 vendémiaire, an III, ne pourra exercer ni concourir à l'exercice d'une autorité chargée de la surveillance médiate ou immédiate des fonctions qu'il exerce dans une autre qualité ;

B. Les notaires ne peuvent pas se livrer à des travaux incompatibles avec leurs fonctions et qui les fassent sortir des bornes de leur état. Édit d'août 1765;

Ainsi un notaire ne peut pas exercer les fonctions de médecin ;

C. Les fonctions de notaire sont incompatibles avec les fonctions rétribuées de l'ordre judiciaire, de l'ordre administratif et de l'administration financière.

136. *Énumération des diverses fonctions incompatibles avec celle de notaire.*

Ces diverses fonctions incompatibles sont celles de :

1° *Agent de change ;*
Nul ne peut à la fois exercer deux offices transmissibles.
Cette incompatibilité n'empêche pas les notaires de constater les transferts de rentes sur l'État dans les villes où aucun agent n'est établi. Ordonn. du 14 avr. 1819.

2° *Avocat ;*
Déc. du 14 déc. 1810, art. 18 ; Ord., 20 nov. 1822, art. 42.

3° *Avocat à la cour de cassation ;*
Nul ne peut être titulaire de deux offices transmissibles.

4° *Avocat général ;*
L. de vent., art. 7.

5° *Avoué ;*
L. de vent., art. 7.

6° *Banquier ;*
Ord. du 4 janv. 1843, art. 12.

7° *Buraliste ;*
L. de vent., art. 7 et du 2 mars 1821, art. 6 et 7.

8° *Commerçant ;*

9° *Commissaire de police ;*
L. de vent., art. 7.

10° *Commissaire-priseur ;*
L. de vent., art. 7 et ord. du 31 juillet 1822.
Les notaires ont néanmoins le droit de procéder aux prisées et ventes de meubles dans toutes les villes où il n'y a pas de commissaires-priseurs.
LL. 26 juillet 1790, 17 sept. 1793; Arr. 12 fruct., an IV, 25 niv. an V.

11° *Commis greffiers assermentés près les tribunaux et les cours ;*
L. de vent., art. 7.

12° *Conseil du Prud'homme ;*
Décis. min. 1808.

13° *Conseiller à la cour impériale, à la cour de cassation, à la cour des comptes ;*
L. de vent., art. 7.

14° *Conseiller d'État ;*
L. de vent., art. 7.

15° *Conseiller de préfecture ;*
Décis. du 24 vend., an III, art. 5 et avis du Cons. d'État du 10 ventôse, an XIII.

16° *Conservateur des forêts ;*
Circul. min., 30 pluviose, an II.

17° *Conservateur des hypothèques ;*
Loi du 9 messidor, an XIII.

18° *Contrôleur des postes ;*
L. de vent., art. 7.

19° *Contrôleur des contributions directes ;*
L. de vent., art. 7.

20° *Contrôleur des contributions indirectes ;*
L. de vent., art. 7 et décis. min. des fin., 8 prairial, an XII.

21° *Courtier ;*
Ord. du 4 janv. 1843.

22° *Directeur des contributions directes ;*
L. de vent., art. 7.

23° *Directeur des contributions indirectes ;*
L. de vent., art. 7 et déc. min. des fin., 8 prairial, an XIII.

24° *Directeur de l'enregistrement ;*
L. de vent., art. 7.

25° *Directeur des postes ;*
L. de vent., art. 7.

26° *Ecclésiastique ;*
Il n'y a pas de doute pour ceux qui reçoivent un traitement, mais pour ceux qui n'en reçoivent pas, si la loi ne prononce pas formellement l'incompatibilité, les convenances la prescrivent.

27° *Employé de la régie ;*
L. de vent., art. 7 et déc. min. des fin. du 8 prairial, an XIII.

28° *Garde général des forêts ;*
Circ. min., 30 pluviose, an II.

29° *Greffier de justice de paix, de tribunal de police, de tribunal de première instance, de cour impériale, à la cour de cassation ;*
L. de vent., art. 7.

30° *Huissier ;*
L. de vent., art. 7.

31° *Inspecteur de l'enregistrement.*
L. de vent., art. 7.

32° *Inspecteur des finances ;*
L. de vent., art. 7.

33° *Inspecteur des forêts ;*
Cir. min. du 30 pluviose, an II.

34° *Juge de tribunal de première instance ;*
L. de vent., art. 7.

35° *Juge de paix ;*
L. de vent., art. 7.

36° *Maître des requêtes ;*
L. de vent., art. 7.

37° *Marchands ;*
La femme du notaire ne peut même pas être marchande ; ainsi l'exercice d'un commerce par la femme d'un notaire a motivé contre celui-ci de la part du ministre de la justice, une injonction d'opter entre la conservation de ses fonctions et la continuation de ce commerce. Cons. d'État, du 2 août 1854 et trib. de Mande, du 8 oct. 1843.

38° *Médecin ;*
Edit d'août 1765.

39° *Membre du conseil de préfecture ;*
Décis. du 24 vendém., an III et avis du Conseil d'État du 10 vent., an XIII.

40° *Percepteur ;*
L. de vent., art. 7.

41° *Préfet ;*
Décr. du 24 vendém., an III, art. 5.

42° *Procureur général ;*
L. de vent., art. 7.

43° *Procureur Impérial ;*
L. de vent., art. 7.

44° *Receveur buraliste des tabacs ;*
L. de vent., art. 7 et la loi du 21 mars 1821, art. 6 et 7.

45° *Receveur de l'enregistrement ;*
LL. de vent., art. 7 et 21 germin., an VIII.

46° *Receveur particulier des finances ;*
L. de vent., art. 7.

47° *Receveur des postes ;*
L. de vent., art. 7 et décis. min. de la just., 5 fév. 1806.

48° *Secrétaire de Mairie ;*
Lettre du procureur impérial de Castres, du janv. 1848 :
« Il y a incompatibilité entre les fonctions de notaire et les fonctions salariées de l'ordre administratif. *Contrà*, déc. min. just. 10 mai 1844.

49° *Secrétaire de préfecture et de sous-préfecture ;*
Décret du 24 vendém., an III et arrêté du gouvernement du 3 brum., an XIII.

50° *Sous-Préfet ;*
Décret du 24 vendém., an III.

51° *Substitut du procureur impérial et du procureur général ;*
L. de vent., art. 7.

§ 2. Des fonctions compatibles avec les fonctions de notaire.

SOMMAIRE.

137°. **Du principe sur lequel repose la compatibilité des fonctions.**
138°. **Enumération des fonctions compatibles avec l'exercice du notariat.**

137. *Du principe sur lequel repose la compatibilité des fonctions.*

L'incompatibilité n'est qu'un principe de droit civil : quoique fondée sur la nécessité des choses et les convenances, elle ne peut donc exister qu'en vertu d'un texte de loi.

En outre, le cumul des fonctions *salariées* est contraire à l'équité naturelle.

Comme *première conséquence* de cette doctrine. les

fonctions gratuites sont compatibles avec l'exercice du notariat.

Comme *seconde conséquence,* les notaires peuvent accepter des fonctions, qui ne sont qu'*accidentelles et temporaires.*

138. *Enumération des fonctions compatibles avec le notariat.*

C'est en nous appuyant sur ces diverses données, que nous donnons ci-après l'énumération des fonctions compatibles avec l'exercice du notariat.

1° *Administrateur des hospices;*

2° *Adjoint;*

3° *Commis-greffier de justice de paix;*

Dict. du Not., v° incompatibilité, n° 18; Rolland de Villargues, eod. verb., n° 1; Ann. not., t. IX, p. 222.

4° *Conseiller d'arrondissement;*

5° *Conseiller général;*

Un notaire conseiller général ou conseiller d'arrondissement peut remplacer momentanément le sous-préfet empêché; cette fonction n'est pas permanente.

Dict. du Not., v° incompatibilité, n° 33.

6° *Conseiller municipal;*

Lettre du min. just., 22 janv. 1827.

7° *Député;*

Décr. org., 2 fév. 1852, art. 29.

8° *Juge suppléant de tribunal de première instance, pourvu qu'il réunisse les conditions requises par la loi du 20 avril 1810, c'est-à-dire qu'il soit licencié en droit, ait prété serment et exercé comme avocat pendant deux ans.*

Dict. du Not., v° incompatibilité, n° 10.

Il a été jugé par la cour de Cassation, le 3 janv. 1822, qu'un notaire licencié en droit peut être appelé pour compléter le tribunal ou vider un partage, en cas d'empêchement des juges suppléants, avocats et gradués plus anciens.

9° *Juge dans les conseils de la garde-nationale;*

10° *Maire;*

11° *Rapporteur près d'un conseil de discipline de la garde-nationale;*

12° *Suppléant du juge de paix.*

§ 3° Enumération de certains cas d'empêchement ou d'excuse.

139. 1er Cas. *Un notaire peut-il se dispenser d'être tuteur, lorsque la tutelle doit s'exercer hors du département où il réside?*

Pour la *négative,* Favard, *rép. du Not.,* v° *tutelle,* dit qu'un notaire ne peut, dans aucun cas, se dispenser de la tutelle, parce que n'étant pas assujetti à une résidence continuelle, la gestion se concilie avec ses fonctions.

Mais pour l'*affirmative,* nous répondons avec toute la doctrine que l'article 427 du C. N. dispense d'une manière absolue de la tutelle tous ceux qui exercent une fonction publique dans un département autre que celui où la tutelle s'établit, que les notaires sont des fonctionnaires publics et inamovibles et que les déplacements nécessités par leur gestion tutélaire ne peuvent pas se concilier avec l'obligation de résidence que leur impose la loi.

Décis. min. just., 2 nov. 1821; Demolombe, t. 1er, n° 408; Merlin, Rép., t. XIV, v° tutelle, sect. IV, §. 1er, art. 5, n° 13; Zachariæ, Aubry et Rau, t. I, p. 380; Dict. du Not., v° incompatibilité, n° 47.

140. 2me Cas. *Un notaire peut-il se dispenser d'être curateur, lorsque la curatelle doit s'exercer hors du département où il réside?*

Cette question doit être résolue d'après les principes que nous avons énoncés *suprà* n° 137.

141. 3me Cas. *Un notaire peut-il être expert ou géomètre-arpenteur?*

Nous pensons que ces fonctions étant purement *accidentelles* ne sont nullement incompatibles avec l'exercice du notariat; nous ajouterons même que les parties ont intérêt à employer le notaire comme géomètre, parce qu'il transcrit avec plus d'exactitude dans l'acte les mesures et les divisions qu'il a vérifiées comme expert.

Mais le notaire nommé par justice pour faire le compte et la liquidation d'une succession, peut-il en qualité d'expert procéder à l'estimation et à la division des biens immeubles qui la composent?

L'affirmative paraît indubitable pour M. Gagneraux n° 30: « Sans doute, dit ce judicieux auteur, le notaire « représente le juge dans les comptes et liquidations; « mais l'expertise est une opération entièrement « distincte. Il n'y a donc aucune conséquence à « tirer de ce que le juge ne pourrait pas y procéder. « Le juge conserve toujours sa qualité; le notaire, « au contraire, ne le représente qu'*accidentellement.* »

Du reste, la rédaction de l'acte notarié, comme nous avons déjà eu occasion de le dire, ne peut qu'y gagner en précision et en exactitude.

142. 4me Cas. *Un notaire peut-il se charger d'une gestion de biens?*

La gestion de biens ruraux n'est nullement incompatible avec l'exercice du notariat; c'est un mandat temporaire, qui est conforme à la nature des fonctions notariales et s'y rattache en quelque sorte.

§ 4. Des peines encourues par le notaire, qui accepte des fonctions incompatibles. — Renvoi.

Nous examinerons sous le commentaire de l'art. 66 de la loi de ventôse, les peines auxquelles s'expose le notaire qui accepte des fonctions incompatibles.

SECTION II. — *Des actes, de leur forme ; des minutes, grosses, expéditions et répertoires.*

ART. 8.

Les notaires ne pourront recevoir des actes dans lesquels leurs parents ou alliés, en ligne directe à tous les degrés, et en collatérale jusqu'au degré d'oncle ou de neveu inclusivement, seraient parties, ou qui contiendraient quelque disposition en leur faveur.

COMMENTAIRE.

§ 1er. *Considérations générales.*

§ 2e. *Des actes dans lesquels les parents ou alliés du notaire sont parties.*

§ 3e. *Des actes qui contiennent quelque disposition en faveur des parents ou alliés du notaire.*

§ 4e. *Des actes dans lesquels le notaire est partie.*

§ 5e. *Des actes qui contiennent des dispositions en faveur du notaire.*

§ 6e. *Nullité des actes faits en contravention à l'article 8.*

§ 1er. Considérations générales.

SOMMAIRE.

143. Motifs de ces prohibitions.

144 Interprétation grammaticale des mots : en LEUR FAVEUR

145. La prohibition prononcée par l'art. 8 est-elle absolue et s'applique-t-elle à tous les actes notariés et à la disposition la plus minime ?

146. La prohibition contenue dans l'art. 8 est-elle applicable au notaire en second comme au notaire en premier ?

143. *Motifs de ces prohibitions.*

Le législateur tenant compte des faiblesses inhérentes à la nature humaine, a édicté les prohibitions contenues dans l'article 8 que nous commentons, pour soustraire les notaires aux entraînements souvent aveugles de *l'affection* ou de *l'intérêt personnel* ; il a pensé que si *l'impartialité* était la vertu nécessaire du juge et du fonctionnaire public, elle était aussi la *première obligation* qu'il dût imposer au notaire.

Il est évident, du reste, que nul ne peut témoigner dans sa propre cause, par application des maximes : *Omnibus in re propriâ dicendi testimonii facultatem jura submoverunt. L. 9, C., de testibus* et : *Nemo testis idoneus in re suâ.* Le tribun Favard, dans son rapport, justifiait ainsi l'art. 8 que nous commentons :

« S'il est défendu aux notaires de recevoir des actes « pour leurs parents jusqu'à certains degrés, on a « voulu par là leur conserver un caractère d'impartia-« lité qui ne doit jamais les abandonner. Cette mesure « les met à l'abri de tous les combats que l'intérêt « livre à la probité, et l'affection aux devoirs, combats « dans lesquels la probité triomphe, mais qu'il est « bon d'éviter à la généralité des hommes publics. »

144. *Interprétation grammaticale des mots : Disposition en leur faveur.*

Ces mots de l'article 8 *Disposition en leur faveur,* se réfèrent-ils aux parties contractantes seules, ou bien aux notaires rédacteurs des actes, ou enfin aux uns et aux autres conjointement ?

1er SYSTÈME. *Ces mots se réfèrent exclusivement aux notaires.*

« J'ai vu prétendre, dit M. Grenier, des *donations,* « n° 49, que ces mots en leur faveur ne se rapportent « pas aux notaires, mais bien à leurs parents ou alliés « au degré déterminé par l'article 8 de la loi de Ventôse. » « —Mais cette prétention ne me paraît pas fondée ; elle « est contraire aux règles grammaticales. Si le premier « pronom *leurs* se rapporte aux notaires, il en est de « même du second *leur,* qui a le même régime. S'il « en était autrement, cet article aurait dit deux fois « la même chose en ce qui concerne les parents ou « alliés des notaires ; car ces mots : « *Des actes dans* « *lesquels leurs parents ou alliés seraient parties,* » « comprennent dans le sens de la loi les testaments « comme les autres actes, quoique les légataires ne « soient pas, à proprement parler, parties dans ces « testaments. Cet article a donc deux dispositions, « l'une qui regarde les parents ou alliés du notaire, « l'autre qui le concerne personnellement ; et c'est, « sans doute, parce que cet article contenait une « législation sur le cas des dispositions faites en fa-« veur des notaires par tous actes quelconques, que « le Code Napoléon ne s'en est pas expliqué en parlant, « soit des testaments, soit des donations.

« Cette doctrine trouve d'ailleurs un appui dans « l'arrêté du 30 déc. 1842 sur l'Algérie, dont l'art. 33 « défend aux notaires d'insérer dans les actes des dis-« positions, dont ils retireraient un profit personnel. »

Toullier, t. VIII, n° 73, Roll. de Vill., V° *notaire*, n° 405 ; Dict. du Not., *eod. verb.*, n° 586 ; Augan, t. 1er, p. 71.

145. 2me SYSTÈME. *Les mots* EN LEUR FAVEUR *ne s'appliquent qu'aux parents ou alliés du notaire.*

M. Dalloz, v° *notaire*, n° 368, se rallie à ce système par les excellentes raisons, que nous allons reproduire :

« L'argumentation de M. Grenier tombe devant la « construction de la phrase dont se compose l'art. 8, « qui est celle-ci : « *Les actes dans lesquels les parents* « *du notaire seraient parties ou qui contiendraient* « *quelque disposition en leur faveur.* » Or, de quelle

www.ingramcontent.com/pod-product-compliance
Lightning Source LLC
LaVergne TN
LVHW050231180726
843501LV00013BA/3755